# NOTICE HISTORIQUE

SUR

# LE CHATEAU DE DINAN,

PAR

M. MAHÉO,

**Membre titulaire de la Société Archéologique et Historique des Côtes-du-Nord.**

Seriùs aut citiùs, quidquid de marmore stabit
Vel lapide, exesum solvetur : scripta manebunt.

A DINAN,

DE L'IMPRIMERIE BAZOUGE, RUE DE L'HORLOGE.

# AVANT-PROPOS.

Les créations de la nature, toujours si belles et si variées, sont les premières à émerveiller l'homme par de grandes impressions; les monuments de l'art et de l'industrie, rares dans leur forme et riches en souvenirs, ont aussi leur éloquence et leur ascendant sur l'esprit de l'homme.

Quelle que soit son intelligence, il ne peut rester insensible en présence d'un aspect grandiose; il aspire même au moyen d'en découvrir les mystères et les souvenirs.

Le sujet que nous traitons est précisément celui qui a le plus complètement échappé aux investigations des écrivains. Pourtant, ce monument a aussi ses titres, sa gloire et ses faits, qui lui donnent quelques droits aux pages de l'histoire. Nous ne prétendons pas faire ici une histoire complète du

Château, la tâche serait pénible et même difficile à remplir, vu l'absence de matériaux et la rareté de documents nécessaires. Notre travail n'est donc qu'une simple esquisse; ceux qui s'attendraient à y trouver autre chose seraient trompés dans leur attente.

Quand les monuments se trouvent dans une absence presque complète de documents sur leur origine et sur les souvenirs qui s'y rattachent, il n'y a pas moyen d'y suppléer par des phrases. On peut montrer beaucoup de savoir, de goût et de talent, en restituant avec le crayon ou la plume les actes, les faits et les édifices dans leur premier état; mais il y a toujours à ces restaurations un inconvénient assez grand, c'est qu'en définitive on n'a rien restauré.

Tout en cherchant à contribuer pour notre faible part à ce mouvement qui entraîne aujourd'hui les esprits vers l'étude de l'archéologie et de l'histoire des monuments, des ruines et des édifices remarquables du moyen-âge, notre principal but, en publiant cet opuscule, est de mettre sous les yeux de nos concitoyens les titres et les faits qui attestent l'ancienne illustration du monument civil le plus célèbre de leur cité, et de le faire connaître aux étrangers, qui, dans leurs recherches de curiosites scientifiques, se plaignent à bon droit de ne pas trouver une notice qui leur redise en peu de mots quelques souvenirs de ce monument.

# INTRODUCTION.

Dinan, comme toutes les villes d'une certaine importance au moyen-âge, eut son château-fort, qui fut élevé par les premiers vicomtes de Dinan, sur le promontoire qui domine le Jersual et le Chemin-Neuf. L'aspect de la roche escarpée où il était situé peut encore donner une juste idée de la force de cette place, eu égard aux moyens d'attaque auxquels on était réduit dans les guerres du moyen-âge, au temps où l'artillerie était inconnue.

Si l'on ouvre les pages de l'histoire, on trouve une suite de vicomtes de Dinan, qui l'habitaient dès le commencement du XI^e^ siècle. D'où lui venait le surnom de château *Ganne*, vieux mot qui veut dire trahison? Personne n'en sait rien, et l'histoire en garde le silence, comme elle se tait sur l'époque de la destruction de cette forteresse, ce qui dut avoir lieu dans la dernière moitié du XII^e^ siècle. (1)

(1) Voir nos Notices dans *l'Indicateur Dinannais* de 1851.

Pendant les guerres sanglantes que la Bretagne eut à soutenir contre l'Angleterre, dans le cours des XII^e^, XIII^e^ et XIV^e^ siècles, ni les ducs de Bretagne ni les vicomtes de Dinan ne durent songer à reconstruire un autre château-fort, ce qui eut exigé de grandes dépenses et beaucoup de temps, et par un autre motif encore plus puissant, c'est que l'ennemi était à chaque instant sous les murailles de la ville.

Ce ne fut donc qu'en 1380, lorsque la guerre s'apaisa quelque temps entre l'Angleterre et la Bretagne, que Jean IV, duc de Bretagne, conçut le projet de construire un autre Château, celui que nous avons sous les yeux.

On s'étonnera, peut-être, de ce que le second Château ne fut pas construit sur l'emplacement de l'ancien, lieu si convenable à cet effet : la chose nous semble facile à comprendre ; cette partie de la ville se trouvant suffisamment fortifiée par ses hautes et épaisses murailles ; joint à cela les accidents du terrain qui lui donnaient un double renfort, et à cette époque où l'on commençait à se servir du canon, la position offrant une redoute naturelle, il n'était besoin de tours ni de murailles pour placer quelques pièces d'artillerie qui eussent vigoureusement repoussé l'ennemi à son arrivée vers le pont de la Rance.

Sous le point de vue de fortification, il était bien plus convenable de placer la nouvelle forteresse dans la partie de la ville la moins fortifiée, à côté d'une porte la plus exposée aux attaques de l'ennemi, puis d'un accès facile et à l'embouchure d'une route très fréquentée, par laquelle l'ennemi devait nécessairement déboucher après l'attaque des deux principales villes de la province, Nantes et Rennes. Il est bon de vous faire connaître que l'ancienne route de Rennes à Dinan, avant sa jonction avec celle de Saint-Malo, ce qui eut lieu en 1781, tournait au village des Loges et passait par Saint-Jamès (Saint-Jacques), Léhon, le Bas-Bourgneuf, puis arrivait en ville par la porte du Guichet, et plus tard, lorsque celle-ci fut anéantie, par la porte Saint-Louis, qui fut ouverte en 1620.

La porte du Guichet se trouvait située dans la courtine qui lie le Château avec la tour Coëtquen : on en remarque encore toutes les formes du côté de l'entrée, en dehors de la muraille.

Disons maintenant quelques mots sur cette porte du Guichet qui a préoccupé tant d'amateurs qui ont fini par émousser leur plume sans rien dire sur ce sujet.

Au fait, que dire de positif devant cette arcade murée par un plein maçonnail ; au revers, du côté de la ville, aucune apparence de porte ; à la suite, un large et profond fossé ; puis un escarpement en pierre, élevé même au-dessus du pavé de la rue, enfin aucune trace qui atteste une voie d'entrée en ville. Qui pourrait donc croire que là fut une des portes de la ville ?

Pour s'en convaincre, il n'est pas même besoin d'avoir les chartes et les titres du temps sous les yeux, ni de connaître les récits de l'histoire, si, en approchant de ce lieu, on examine qu'il se trouve, comme aux autres portes du même temps, deux tourelles latérales dont les côtés, à un mètre au-dessus de la base, ont été rudement froissés par les essieux des voitures qui ont passé sous cette porte; puis, au-dessus de la première arcade, une niche comme à toutes les vieilles portes de ville, où l'on mettait un saint ou une madone, sous la sauvegarde desquels on plaçait les portes de guerre, qui le plus souvent en portaient le nom; au-dessus de la seconde arcade, la pierre où étaient gravées les armes de la ville, qui étaient un *château donjonné.*

Toutes ces traces ne suffisent-elles pas pour faire connaître que c'était bien là une porte? Du reste, nous pouvons mettre sous les yeux de nos lecteurs quelques pièces plus convaincantes de son existence.

« Jehan Bameule, parouessien de Quedillac, vend à Nicollaz » Des Salles, bourgeois de Dinan, scavoir une maison courtil » herbergement et tenue sus en la ville de Dinan effetz et sei- » gneurie de la fabrique de Saint-Saulveur de Dinan, assez près » du Chasteau et porte du Guischet de Dinan, tenant d'un boult » à Dom Guille Texier, de l'autre boult es chemins par lesquelx » on vient du Champ es Chevaulx de Dinan à la porte du » Guischet.

» Passé à Dinan le VIe jour de janvier mil quatre cent quarante. »

« Comme puis naguerre de temps par avis et délibération de
» Messeigneurs les cappitaines de guerre et gens de justice et
» pluseurs bourgeois de la ville de Dinan, ait esté prins ung
» jardrin appartenant à Jehan Gisquel le jeune, sus près la porte
» Saint-Malo hors ceste ville de Dinan, pour lenlaissement et
» agrandissement des douves et foussés de ceste dicte ville et ait
» esté ordonné que d'icelui jardrin le dict Jehan Gicquel doibt
» estre recompensé pour aultant que le dict jardrin serait prisé
» par le prisaige de Jehan Felin, Robin Julien, prisaigeurs, la
» somme de vingt-cinq livres monoie et estre octroyée par le
» miseur des deniers et choses ordonnées pour la reparation de
» cloison de la ville de Dinan, le dict marché arrêté en présence
» de nobles gens Jehan Chesnel seigneur de Maillechat lieutenant
» de mon dict seigneur et Guillaume de La Vallée alloué de Dinan.
» Fait et expédié à Dinan dedans le Bellouart de la porte du
» Guischet, le XIIe jour de Decembre l'an mil quatre cent quatre-
» vingt-quatre. »

---

« Par notre court de la Trinité de Saint Sauveur de Dinan ont
» été présentz devant nous en personnes Jehan Chevalier au nom
» et comme procureur des parouessiens de la parouesse du dit
» Saint Saulveur de Dinan Morice Lebascle et Guille Bily tre-
» soriers et fabriqueurs de l'église parochiale du dit Saint Saul-
» veur de Dinan, lesqueulx et chascun ont esté cogneu et con-
» fessants estre et quils sont hommes subjets de leur duc leur
» souverain seigneur et barre de Rennes et de lui prochement
» tenir à foy et debvoir d'obeissance, les juridiction rentes et
» obeissance qui ensuyvent, scavoir est une maison jardrin dep-
» port et cour sys et estant près la porte du Guischet de cette
» ville de Dinan appartenant à Hubert Langlays filz Pierre, joi-
» gnant à la cour et deppoit du Chasteau de ceste ville sur les-
» quelles est deu ouict soubs de rente. Autre maison appartenant
» à Pierre Chesnel qui joingt d'une part à la maison Jehanne
» Ledo, près et au bout du Champ à Dinan, daultre part au de-
» vant du pavé par lequel on va du dict Champ à Dinan à la porte

» du Guischet; la dicte maison devant doze soubs de rente à la » dicte fabrique de la Trinité.

« Fait et passé à Dinan le segond jour de jouing de l'an mil » cinq centz vingt-sept. »

Le duc de Mercœur, qui trônait en souverain au nom de la Ligue, sur le siège de Bretagne, voulant mettre sa bonne ville de Dinan en état de repousser toute attaque de l'ennemi, fit exécuter de grands travaux dans les fortifications de la ville. Entre autres, il fit murer la porte du Guichet et les portes du Château, et fit ouvrir une autre porte au Château, dans la fenêtre de la chapelle qui se trouvait à la hauteur de la courtine et des hautes cours, pour donner une communication plus facile entre la ville et le Château ; puis il fit faire la porte d'entrée dans les hautes cours et y jeta un pont-levis du côté de la ville ; au-dessus de cette porte, il fit placer les armes de la ville ; dans la révolution de 1789, elles ont disparu sous le marteau du démolisseur, il ne reste aujourd'hui que l'encadrement. Il fit raser les maisons et jardins se trouvant aux abords du Château et de la porte du Guichet, en dedans et en dehors de la ville : en dehors des murs, pour avoir la facilité de dresser des glacis, en dedans de la ville, pour faire creuser le large et profond fossé qui est aujourd'hui transformé en un délicieux jardin. De plus, il fit pratiquer, dans toute la longueur de la courtine qui unit la tour Coëtquen avec le Château, une galerie en casemates, pour la défense du Château du côté de la ville, en cas de siège : le Château étant dans cette circonstance la dernière redoute des assiégés et le palladium des fortifications, il était prudent de pourvoir à sa sûreté. On peut s'assurer de l'époque de ces derniers travaux, en examinant dans le mur de la courtine, du côté de la ville, une pierre qui porte la date de 1593.

D'après les actes dont nous avons donné précédemment l'extrait, il est reconnu que les maisons et terrains situés dans cette partie de la ville étaient tributaires de rentes annuelles envers la fabrique de Saint-Sauveur, et même le terrain où est situé le Château, suivant le contenu des actes que nous citerons postérieurement.

Après la destruction de toutes les propriétés situées dans ce lieu, la fabrique de Saint-Sauveur adressa une requête au duc de Mercœur, pour obtenir une indemnité du préjudice causé au trésor de l'église; ce qui fut loin d'être réglé par le duc, car, plus tard, les fabriciens adressèrent une autre requête à Henri IV, et voici ce que rapportent les titres de Saint-Sauveur, relativement à la réclamation faite au roi le 27 avril 1599 :

« Pour être la dite fabrique reparée des torts et préjudices de » la perdition de rentes au nombre de plusieurs qui étaient deues » sur les maisons, cours et jardins sus les le Chateau et la porte » du Guichet à Dinan — lesquels terrains ont été prins pour les » fortifications du Chateau et pourpris, par les capitaines et gens » de guerre du duc de Mercœur. Lesdites maisons jardins et » coulombier à pigeons volants sous la juridiction de la Trinité » et à devoir de rente et obéissance. »

Lorsqu'on examine avec attention tous les changements qui ont été faits aux alentours du Château et qui en ont dénaturé le plan, il est réellement difficile de rien résumer sur son état primitif, sous le point de vue de force militaire.

Ce qu'il y a de positif, c'est que le Château proprement dit n'existe pas dans son entier. A-t-il jamais été achevé ou a-t-il été ruiné dans quelque siège? Nous ne pouvons le dire, ni le prouver avec assurance, mais il est constant que l'édifice que nous appelons le Château n'est qu'une partie du Château, c'est-à-dire le donjon, qui, suivant le système de fortification du temps, devait se trouver au milieu de la place d'armes, environnée elle-même de forts remparts crénelés, et flanqués de plusieurs grosses tours; tel dut être le plan primitif qui devait constituer cette forteresse.

Du reste, la nature de l'édifice existant suffit pour lever toute espèce de doute à cet égard, pour peu qu'on y fasse attention, et l'on pourra aisément se persuader que la première conception de l'auteur ou fondateur n'a jamais été celle de jeter là isolément cet édifice sans aucune défense de circonvallation, environné seulement de douves sèches, l'entrée principale exposée à tout venant, sans pont-levis, ayant pour toute défense une double porte en coulisse qu'on nommait porte de fer. Pour sortir de telles conjectures, que l'on jette un coup-d'œil dans la partie ouest, on remarquera une porte murée qui s'élève à plus de vingt-cinq pieds au-dessus du sol de la basse cour. Cette porte se trouvait sans doute percée à hauteur des remparts du rond-point pour y communiquer par un pont volant ou passerelle. Pour ne point douter que ce fut une porte, il faut la visiter par l'intérieur, et l'on remarquera au-dessus une large meurtrière qui effleure l'entrée ; la voûte en pierre du corridor correspondant est également percée de plusieurs meurtrières d'où l'on pouvait sans peine assommer les assiégeants avec des quartiers de pierre, ou les incommoder grièvement en leur jetant de l'eau ou de l'huile bouillantes, sortes de défenses qui étaient en grand usage avant l'invention de la poudre.

Dans l'angle méridional, on aperçoit aussi les enrainures d'une petite passerelle de surveillance; la hauteur où elle est placée dans l'édifice ne pouvait lui laisser d'autre usage que la communication avec les remparts du Château.

Enfin, tout atteste qu'il a dû exister dans le pourtour du donjon une enceinte de fortifications, chose, du reste, indispensable à sa sûreté, surtout dans ces temps où la guerre était permanente. En avant de la porte du Guichet, il se trouvait une seconde porte avec barbacane et pont-levis.

Nous avons jugé plus convenable de comprendre tous ces documents dans une introduction, pour ne pas fatiguer la plupart de nos lecteurs, peu familiers avec l'archéologie, que de l'introduire dans l'historique du monument.

C'est donc assez dire sur les abords et alentours du Château que nous cherchons à traiter spécialement; maintenant visitons-le dans toute son étendue : sa fondation, son architecture, sa distribution intérieure, ses détails historiques et ses points de vue.

# CHATEAU DE DINAN.

## I.

Tout près du Champ, cette place historique que décorent plusieurs rangs d'arbres verdoyants et touffus dont le feuillage semble se complaire à former un berceau frais et ombreux à la statue en pied du plus grand capitaine qu'enfanta le XIVe siècle, l'immortel Du Guesclin, s'élève fier et grandiose le donjon superbe du Château de Dinan, qui sortait des entrailles de la terre au même temps où l'invincible guerrier, las de tant de luttes sanglantes, et vaincu lui-même par la parque inflexible, demandait à la terre le dernier repos.

Ce monument, par son aspect guerrier, était digne de l'époque du héros et digne de veiller, comme une sentinelle puissante et vigilante, à la sûreté de cet autre monument élevé à la mémoire de ce grand homme dont le nom et les hauts faits vieilliront avec le monde, sans jamais s'effacer des pages de l'histoire.

Le Château de Dinan s'annonce au loin par une impression de force et de grandeur qui lui donne un caractère de supériorité sur tous les édifices qui l'environnent. N'était-ce pas aussi au temps des guerres une puissante vigie affrontant les vexations belliqueuses de l'ennemi, et un tutélaire veillant au salut de la ville rangée à ses pieds. Jamais enceinte de murailles ne fut munie d'un contour plus gracieux; jamais les machicoulis d'un donjon ne furent supportés par des contreforts plus étranges à la fois et plus élégants; jamais, enfin, les regards des guerriers ne furent enchantés par un paysage plus ravissant; admirable architecture militaire, et que l'on pourrait dire sans exemple et sans imitation dans notre vieille et héroïque Bretagne.

En somme, ce monument, d'une très belle construction et d'une conservation entière, semble être destiné à résister encore pendant des siècles à l'effort du temps. Quelques soins de l'administration, quelques sommes convenablement employées à son entretien, le maintiendront dans toute sa beauté. Il restera le témoin muet des évènements passés, pour les générations qui se succéderont aux pieds de ses murailles.

Les fenêtres, partagées par une croix de pierre,

la forme des créneaux, des machicoulis, le plan même de l'édifice, tout annonce cette architecture mauresque née dans des climats plus doux, et qui paraît comme étrangère sous notre ciel humide. C'est là qu'étaient les habitations de ces guerriers qui faisaient une prison de leur demeure, et qui ne se croyaient en sûreté que lorsqu'ils étaient inaccessibles.

Nous recommandons surtout aux étrangers et aux voyageurs de monter sur le point élevé de la forteresse, le soir, quand la nuit commence à envelopper l'horizon d'un voile mystérieux, et le matin, au moment où l'orient jette ses premiers feux sur le vaste tableau qui s'étale auprès et au loin dans toute sa magnificence.

Si l'architecture de ce monument est curieuse dans ses détails, son principal intérêt est dans les traditions qui se rattachent à ses antiques murailles et dans les souvenirs historiques dont il a été le théâtre : séjour des gouverneurs de la ville, demeure des ducs et princes de Bretagne pendant leurs voyages, forteresse de la ville contre l'ennemi étranger, prison d'Etat; enfin, aujourd'hui, maison d'arrêt, asile de la peine, et peut-être du remords, et les gémissements, les pleurs et les soupirs ont succédé au fracas des armes et à la voix rude et sèche du guerrier. Tout vous annonce une prison, ces grilles, ces verrous, ces guichets, ces portes massives s'ouvrant bruyamment les unes sur les autres, ces cachots souterrains que le jour n'éclaire que par pitié d'une lueur lente et faible, les murs en sont noirs, et l'on y pénètre encore qu'avec une certaine horreur, le jour n'arrive point jusqu'au fond de ces abîmes.

Malgré tous ces drames, un château qui a possédé un personnage comme Anne de Bretagne est un château illustre, et ce n'est pas sans intérêt que l'on visite la résidence d'une femme aussi célèbre, duchesse de Bretagne et deux fois reine de France. Anne de Bretagne! ce nom, doux comme un rêve céleste, frais comme la verdure des champs, reste toujours attaché à ces murailles!

Ne vous semble-t-il pas la voir encore, dans la grande pièce dite *la Salle au Duc*, après un sommeil doux et tranquille, quitter son lit de satin rouge étoilé d'hermines, orné de franges d'or, faisant sa parure, ensuite, franchissant avec une démarche pleine de grandeur, de noblesse et de modestie, les degrés de la chapelle, pour aller s'agenouiller dans son oratoire; puis, assise dans le fauteuil de ses pères, cette chaise inamovible, vieillissant avec le monument, vous la voyez fixer ses yeux d'ange vers l'autel, unissant sa prière à celle du prêtre vénérable offrant le sacrifice suprême.

Comment attacher ses regards sur ces lieux sans se sentir pénétré d'un respect religieux? L'esprit est plein d'émotion et de souvenirs, l'âme la plus froide y éprouve des sentiments d'admiration!... Qu'ils sont glorieux ces souvenirs, pour le monument, et pour les générations qui s'en transmettront la possession!

## II.

Nous citerons quelques-uns des évènements les plus importants dont le Château de Dinan fut le théâtre, et les personnages les plus notables qui l'ont habité ou visité.

Jean IV, duc de Bretagne, et sa seconde femme, Jeanne de Navarre, visitèrent, en avril 1387, le Château de Dinan, d'où ils partirent pour le château de l'Hermine, à Vannes.

En 1406, le comte de Richemont, frère de Jean V, duc de Bretagne, venant de Saint-Brieuc, fut reçu au Château de Dinan.

Deux personnages illustres et bien connus dans l'histoire ont dû aussi visiter cette résidence, nous voulons dire le malheureux prince Gilles de Bretagne, et sa douce et belle compagne, Françoise de Dinan. Si l'on doit croire les annales de l'histoire, ce Château fut la première prison du prince Gilles, après que ce prince eut été saisi à son Château du Guildo par les ordres de son frère, l'inexorable François Ier, duc de Bretagne (en 1446).

En 1469, le duc de Bretagne François II, étant en voyage, vint passer deux jours à Dinan et fut fêté au Château.

La duchesse Anne, dans ses voyages, a résidé plusieurs fois au Château de Dinan, notamment en 1507, lorsqu'elle vint nommer la cloche de l'horloge dont elle avait fait présent à Messieurs de la communauté de ville de Dinan : c'est cette même cloche qui sonne encore les heures maintenant.

En 1570, Charles IX, roi de France, arrive au Château de Dinan, et se rend le lendemain à Saint-Malo, par une jolie barque préparée pour la circonstance.

Le duc de Mercœur a longtemps siégé à Dinan durant les troubles de la Ligue. Il fit sa première entrée en 1590, le 6 mars, après midi. Les habitants, qui le considéraient comme leur souverain, à son approche, sortirent au-devant de lui, pour lui présenter les clefs de la ville, et dévouèrent leur vie et leurs armes à son service. Le duc accueillit en prince débonnaire leurs offres, promettant de les bien sauvegarder dans leur ville close. Il se rendit au Château et y reçut les seigneurs bretons qui vinrent reconnaître son autorité et lui proposèrent de se charger de la garde de la place. Il était accompagné de cinq cents arquebusiers, de trois cents lances, et d'une illustre escorte, toute brillante de belles armures, et remplie de nobles seigneurs et d'écuyers portant des pennons armoriés, et montés sur des palefrois bardés de fer et richement harnachés.

L'année précédente, le duc de Mercœur avait

transféré à Dinan le présidial de Rennes et la cour des monnaies. Le présidial fut établi dans une des grandes salles du Château, puis la cour des Monnaies dans la tour Coëtquen, et ensuite transférée rue de l'Horloge, dans l'hôtel de l'évêque de Saint-Malo, situé au nord de l'ancienne église des religieux Dominicains. Voici un extrait de ses lettres :

« Considérant que la ville de Dinan est assise en un lieu proche » des meilleures villes de cette province, et qu'elle s'est toujours » maintenue et conservée en la sainte union sous notre aide, et » que, pour cette raison, elle doit être grandement décorée et » augmentée, comme nous l'en connaissons très digne, avons » transféré et établi, transférons et établissons en la dite ville de » Dinan la monnaie qui soulait travailler en ladite ville de » Rennes pour y être dorenavant tenue et exercée par vingt maî- » tres et autres officiers, tout ainsi et à l'exemple des autres » monnaies du royaume.

» Le 12 septembre 1589.

« Ainsi signé

» EMMANUEL DE LORRAINE. »

Le Château de Dinan a été occupé par une suite de gouverneurs très distingués, entre autres : les sires de Châteaugiron, de Coëtquen, de Rohan, d'Avaugour, seigneur de Saint-Laurent et du Bois de la Motte ; Guillaume Marot, comte de La Garais, baron de Blaison, seigneur de Taden, etc.

Nous ne pouvons aussi passer sous le silence les fréquentes visites au Château de Dinan de deux personnages illustres, dont le souvenir restera immortel, M. le comte de la Garais et sa digne compagne, ne respirant le jour que pour s'occuper à soulager l'infortune et la misère; leur devise était caractérisée sur leurs lèvres par ces mots : *Bienfaisance et charité*. Chaque jour ils portaient des consolations et des secours aux prisonniers de guerre anglais qui furent entassés dans le Château à la suite de la guerre de 1744. Leur agglomération fit naître parmi eux une maladie contagieuse qui les décima d'une manière désolante.

A plusieurs reprises, le Château de Dinan a servi à renfermer des prisonniers anglais; du reste, les murs l'attestent encore par les noms et monogrammes de familles anglaises que l'on voit gravés sur les pierres dans toutes les salles de l'édifice.

Pendant la révolution de 1793, le Château de Dinan fut une prison d'Etat, particulièrement affectée aux prêtres non assermentés ou trop infirmes pour être déportés. Des marins anglais prisonniers de guerre y furent aussi enfermés. Dans la nuit du 18 juillet 1793, trois d'entre eux parvinrent à s'évader. L'évasion ayant jeté quelque soupçon sur leur interprète, le sieur Barret, prêtre irlandais, on l'incarcéra lui-même provisoirement.

## III.

Ce fut lors de son passage à Dinan, au 3 août 1380, que Jean de Montfort, revenant d'Angleterre, conçut le projet de construire le Château de Dinan, projet qui ne tarda pas d'être mis en exécution, comme nous l'atteste la pièce suivante :

« A touz ceulx qui ces présentes lectres verront et orront, » Patry (Patrice) sire de Chasteau-Giron chevalier commissaire » quant ad ce de très puissant N. souverain seigneur le duc cer- » tific que jay veu les lectres et commission de mon dit seigneur » contenant la forme qui en suyt :

« Jehan duc de Bretaigne compte de Montfort et de Richemont » à nostre bien amé et féal sire Patry de Chasteau-Giron garde » de nostre ville et pays de Dinan salut, comme soit chose utille » et necessaire que pour l'augmentation et édifice de nostre » meson que nous avons ordonné en commencer puix naguyeres » en nostre dite ville que aucunes places et mesons à aucuns de » nos subguetz appartenantes ils soient mises et emploieez, les- » quelles ne voullons que ilz soient mises se n'est pas en dedo- » mageant ceulx à qui elles sont ainsi comme par l'avisement de » nous et de nostre conseil sur ce gardé et délibéré que ce doibt » être, pour ce vous mandons et commandons nommer si mestier » est que vous appelliez nostre procureur de nostre dite ville et » Estienne Le Tur maistre de nostre dite œuvre et aultrez que » vous verres qui devront estre appelez, vous faictes les dites » choses prisés tant en fond que édifice de present et aussi tant » par meuble que par heritaige, par vous choissizans gens dignes » de foy, maistres charpentiers et aultres loyaux gens en ce eux » cognoessans et du dit prisaige tout ce que en ferez nom faites, » voir bon souhz vostre sceau et autorité ou aultre affin que nous » en ordonnions en la manière et comme dessus est dit et de ce » faire avec aveques toutes les choses et chacunes ad ce neces- » saires et leurs dependances, vous avons donné et donnons plain » povoir et mandement espret, mandons et commandons à touz » et chacuns nos subjectz en ce faisant vous obeir et diligemment » entendre.

» Donné en nostre ville de Vennes le III^e jour de novembre » l'an mil III^cc quatre vingt et deux. Ainsi signé par le duc de son » commandement. R. ROLLAND.

» Par lecture desquelles lectres ge dit commissionné ay esleu
» Raoul Moucet, Jehan Prestessaille, Raoul Chaismel, Guillaume
» Constuance bourgeois de Dynan, Pierre Jubin charpentier et
» Jehan Lepine maczon en la presente et lavissement et estima-
» tion de Jehan de la Chapelle procureur de Monseigneur et
» Estienne Le Tur maistre de la dite œuvre et d'aultres gens et
» officiers et jurez de mon dit Seigneur quant affin de prisez toutes
» et chacunes les places terres mesons et heritaiges qui neces-
» saires estaient et sont à prendre pour estre mys et emploieez
» au dit edifice quelx prisageurs jurerent et recorderent par leurs
» serments avoir prisaigé bien duement et loyaument les choses
» contenues den une relacion selé de leurs sceaux et soubs le sceau
» des cours de mon dit Seigneur à Dynan qui pour ceste relacion
» est annexee a ce que en suit par ces presentes scellées soubz
» mon sceau le XX$^{e}$ jour de mars l'an CCC IIII$^{xx}$ et deux.

» Item ensuit coppie de la dite relation, par nostre cour de
» Rennes furent presens devant nous Raoul Chaismet, Guillaume
» Constuance bourgeoys de Dynan, Pierre Joubin cherpentier,
» Jehan Lepine maczon demeurant en la dite ville prisageurs
» esleus de noble homme sire Patry de Chasteaugiron garde de la
» ville et pays de Dinan pour très puissant et très redoubté Sei-
» gneur Monseigneur de Bretaigne et son commissaire quant affin
» de priser les terres mesons et heritaiges qui nécessaires estaient
» et sont à prendre pour l'édifice et maison de nouveau commen-
» cée par mon dit Seigneur en icelle ville, nommés et esleuz du
» dit commissaire en cours presente a l'assentiment et nomination
» de Jehan de la Chapelle procureur de mon dit Seigneur,
» Estienne Le Tur maistre de ladite œuvre, d'autres officiers jurez
» de mon dit Seigneur lesquelx prisageurs dessus dits avaient
» prisés les choses qui en suyvent en la manière qui en suit c'est
» essavoir la meson courtil et tenue qui a present est Jehan Le
» Maistre et sa femme et Geoffroy Malconvinar et sa femme, la-
» quelle tenue tient par le rapport des dits prisaigeurs en long et
» en leze cent piez de long et quarante piez de leze ou environt
» en contribuant le bout d'icelle tenue plus large au bout, prisé à
» la somme de V livres et demye de rente pour toutes rentes et
» devoir sauff l'obeissance qui en ce nest pas comprise et oultre

» Monseigneur en son conseil vouldroient que lheritaige et le
» meuble par meuble tous les prix diceluy heritaige en commun
» que dit est à quatre livres de rentes et les faisiances ainsy
» comme elles sont en édifice et sus bout, à la somme de cinquante
» livres (50 livres) dor monnoye, lesqueulx prisageurs dessus dits
» recognoissent par leurs serments avoir fait iceluy prisaige et
» rendu bien deuement et loyaument à leurs consciences sans
» fraude ne malangin, temoin de ce le sceel estably et contractz
» de nostre dicte cour, ensemble les sceaux des dits Moucet,
» Prestessaille et Chaismet mis à ces lectres pour eux et les
» aultres en nostre présence le XXe jour de janvier l'an mil III[cc]
» IIII[xx] et deux. » (1)

Un aveu que la fabrique de Saint-Sauveur de Dinan fait au duc de Bretagne, le 8 janvier 1420, nous a paru assez intéressant pour en donner ici un extrait. Il est d'autant plus curieux qu'il fait mention des propriétés qui occupaient le sol où est placé le Château, et qu'il relate en même temps l'époque de l'érection de la juridiction de la Trinité, par Charles de Blois, l'an mil trois cent quarante-quatre.

« Un baillaige juridiction et seigneurie ayant cours partye en
» ceste ville de Dinan, nommé le Baillaige de la Trinité de Dinan
» quel donna autrefoy Charles de Bretaigne, lors duc de Bre-
» taigne compte de Limoges et de Guisse, du château et chaudière
» de Lehon et compte du Maine, affin destre aux prières et orai-
» sons et recommandations qui a jamais es temps advenir seront
» dictes et cellebrées en la dicte église de St-Sauveur de Dinan
» quel fié baillaige juridiction et seigneurie est prinze soubz la
» juridiction de Rennes et prochement tenue du duc en sa barre
» et court de Rennes quelle juridiction n'est aucunement tenue

(1) Nous devons la communication de cette pièce à l'obligeance du savant M. Barthélemy, conseiller de préfecture au département et membre de l'institut.

» ni subjette à debvoir d'armes si non pour denommer à prieres
» oraisons et suffraiges en icelle église que seront faites à jamais
» en temps advenir comme dit est et les hommes et subjectz
» d'iceluy estre tenuz bailler lors advoirs et tenue à la dicte église
» et y faire obéissance et aultre voullut et consentit celuy duc et
» prinse que les dicts thesoriers et fabriqueurs lors presentz et
» advenir usent de sceau et faire lectres par le sceau de court
» portant caractere de lymaige de la Trinité enfin que lon a trouvé
» par vieil enseignement et même usent encore a present et en
» sont en possession. — Aussi ne sont les hommes et subgietz
» dicceluy Baillaige et juridiction subgietz a auchun debvoir de
» guet ni debvoir de pavaige ny de bouteillaige auquel sont tenuz
» les heritaiges mesons et choses heritelles qui en suyvent.

» Premier — lesglise et cymitière dicelle sise en ceste ville de
» Dinam comme ils se poursuyvent tant edifices que sont dicelle
» esglise le primitère et jardrin et deport dicelle parouesse
» sis en ceste ville de Dinam jouegnante audict cymitiere ung
» chemin entre deux servant à aller sur la muraille de ladicte
» ville. — Lemplacement fons et deport où est a present esdiffié
» les Chasteau porte muraille coulombier et belle du dict Chas-
» teau de ceste ville jouxte le champ comme il se poursuyt o le
» debvoir dobeissance quel esdiffice de Chasteau muraille porte
» et coulombier et belle ont esté esdiffié dempuys le dict dom
» en faict par le dict duc. Un petit jardrin meson et tenue sise
» et estante jouxte le belle du dict Chasteau jouegnant à la rue
» du Champ, quelle maison doibt de rente à la dicte fabrique au
» jour de la Trinité trois souls de rente avecques ung chappeau
» de bouctonz de rozes ou pareilles flors aux vespres du jour
» d'avant la Trinité. — Une aultre meson et jardrin quel Messire
» Guille Dufeil sieur du Placy et Desfosses, capitaine de Dinam
» princt pour faire augmentation au belle et pourprinz du dit
» Chastel laquelle meson et jardrin debvait dix souls de rente à
» la dicte fabrique. »

## IV.

Abordons maintenant le Château pour le voir et l'examiner dans ses détails. — Bien des gens, dans leurs recherches scientifiques, bien des amateurs se bornent à un coup-d'œil superficiel en présence des monuments, mais beaucoup d'autres prennent plaisir à se rendre compte des moindres détails qui se rattachent à leur histoire. C'est dans le but de complaire à tous que nous réunissons ici tous les documents que nous avons pu découvrir.

Avant d'arriver au portail du Château, vous trouvez quelques rares tilleuls précédant une longue et haute rampe en pierre, qui vous prive d'aspecter les anciennes douves et un beau pont en pierres de taille de trois arches que vous ignorez être sous vos pieds, jolie construction pourtant, qui date de la fin du XVII^e^ siècle.

Arrivé au portail, vous n'avez plus le pont-levis à franchir, vous entrez dans la première cour ; à droite se trouve un long corps de logis qui était anciennement affecté partie en caserne et partie à l'infirmerie du Château ; au-devant, s'ouvrent deux cours divisées par une rampe en pierre, surmontée d'une grille. A la gauche du portail, en entrant, vous avez l'ancien corps-de-garde suivi de la courtine qui conduit à la tour Coëtquen. Cette tour, l'une des plus fameuses de l'enceinte de la ville, renferme de vastes et belles salles, dans l'une desquelles on remarque encore des traces de peintures et quelques signes symboliques de la première loge franc-maçonnique qui s'établit à Dinan dans le siècle dernier. Au fond de la tour, dans une salle à moitié remplie d'eau, on découvre l'embouchure d'un souterrain que la tradition populaire fait communiquer avec le château de Léhon ; tout le monde doute de la chronique, mais personne n'a encore osé s'assurer de la véracité du fait. Revenant vers le Château, vous passez un joli pont d'une seule arche, qui a été échangé il y a quelques années contre un pont de bois qui était à moitié pourri, puis vous entrez dans le Château.

Descendez dans la basse cour, vous vous trouvez environné d'une haute murette qui a été élevée en 1822, lorsque le Château fut constitué en maison d'arrêt ; à côté de vous le puits, au fond duquel est une chambrette voûtée en ogive, dans laquelle se trouve l'orifice d'un second puits plus étroit que le premier, c'était celui qui alimentait d'eau vive la grande cuisine du Château : on voit encore l'aqueduc qui envoyait les eaux dans la cuisine.

Devant vous se trouve l'ancienne porte d'entrée du Château, qui se distingue par des moulures et quelques rinceaux de feuillage que le ciseau de l'artiste a passablement exécutés ; dans le fronton est un encadrement où figuraient anciennement les armes de Bretagne ; le marteau du vandalisme les a entièrement fait disparaître. En levant la tête, vous apercevez, au-dessus de l'entrée de la porte principale, une large meurtrière qui était destinée à faire pleuvoir sur les assiégeants une grêle de pierres, etc.

En outre de la porte massive fermant cette entrée, se trouvait la porte de fer qui s'engrenait dans les coulisses pratiquées dans les côtés du mur; en dedans règne encore une meurtrière moins grande que la précédente.

En face de vous est le corridor correspondant à l'autre porte du Château dont nous avons déjà parlé dans l'introduction ; la voûte en pierre est percée de plusieurs meurtrières ; à gauche, une petite chambre à feu voûtée en pierre était affectée aux factionnaires chargés de la garde des portes ; sous le corridor, au bas de l'escalier, est une chambre obscure qui était la prison du Château ; en remontant, avant de prendre l'escalier principal, vous avez sur votre gauche une salle basse, voûtée en pierre ; elle est tellement obscure qu'on a peine à distinguer une énorme cheminée qui vous annonce que c'était là l'une des principales cuisines du Château, où l'eau du puits s'y rendait par un aqueduc que vous voyez encore dans la muraille.

De cette profondeur où vous êtes, pour atteindre le sommet du donjon, vous avez 148 marches à gravir, ou autrement une hauteur de 110 pieds.

Montant l'escalier en spirale, au premier cours, vous trouverez sur votre gauche une chambre voûtée en pierre, où se tenait la sentinelle d'observation pour l'entrée principale ; dans le corridor, à droite, la salle d'office, munie d'une belle cheminée : c'est là que se préparaient les mets pour les hauts personnages du Château ; à l'autre extrémité du corridor était la grande salle du service de table.

C'est dans cette vaste salle que se donnèrent ces fêtes et ces banquets splendides aux passages des ducs, où ils comptaient leurs formidables vassaux de la contrée, tels que les sires de la Hunaudais, Montafilant, du Guildo, du Bois de la Motte, de Coëtquen, de Montmuran, de Tinténiac, de la Motte-Broons, de la Hardouinais, etc., etc.

Au second cours, sur votre gauche, est *la salle au Duc*, très vaste et bien éclairée ; vous y remarquerez, dans l'embrasure des fenêtres, l'épaisseur des murs, qui n'a pas moins de 10 pieds ; la hauteur de l'étage est d'environ 20 pieds ; une énorme cheminée qui a près de 15 pieds de largeur. Toutes ces proportions grandioses semblent avoir été destinées à une habitation de géants.

Les murailles de cette salle des grandes solennités ont reçu successivement la confidence de la gloire et de la crainte, de la joie et de la douleur, mais nul ne verra, nul n'entendra ce qu'elles ont entendu. Ce qu'elles savent, tout le monde l'ignore, en y pénétrant, on sent qu'il y a là bien des secrets, et l'on écoute comme si l'écho allait parler pour nous les raconter ; mais il reste muet et insensible à vos désirs ambitieux.

Entre cette chambre et la chapelle se trouve *la salle des Gardes*, dont le poste était dans une petite chambre à feu voûtée en pierre, qui se trouve à l'autre extrémité, sur la gauche ; montez quelques degrés, et vous entrez dans *la salle du Serment*, qui était la chapelle : c'est là que les ducs de Bretagne recevaient de leurs grands vassaux du pays Dinannais le serment de *foi et hommage*. Cette chapelle était sous le vocable de Saint-Martin. Elle est petite, mais d'un bel effet; son plafond en pierre, supporté par des arrêtes en ogives, est admirablement exécuté ; les encaissements formés par les arrêtes ont dû anciennement être enduits et ornés de peintures à fresque représentant des sujets religieux ou allégoriques.

Pendant que vous êtes dans la chapelle, on ne manquera pas de vous montrer la pièce curieuse : l'oratoire des ducs de Bretagne et le siège (dit *le fauteuil de la duchesse Anne*) où ils se plaçaient pour entendre la messe. Cette petite pièce, voûtée en pierre, est munie d'un foyer qui devait entretenir une température assez chaude, eu égard aux saisons.

Reprenant le grand escalier, vous arrivez au troisième cours; vous avez la grande salle, dite *chambre du Connétable*, qui était occupée par le gouverneur du Château et de la ville ; aux deux côtés de cette salle sont deux petites chambres voûtées en pierre, servant de postes d'observation.

Continuant l'escalier, au quatrième cours, vous avez sur votre gauche *le poste du Guet* (servant aujourd'hui de chapelle) ; il correspondait avec la sentinelle de la galerie par un *judas* qui est percé dans le mur donnant sur l'escalier. A quelques pas au-delà, sur la gauche, est *la salle d'Armes*, très spacieuse et couverte d'une belle voûte en pierre sans arrêtes.

Encore quelques degrés, et vous atteignez la galerie du donjon : là vous commencez à respirer, un air pur et frais vient ranimer vos sens ; faisant le tour de la galerie, vous regardez au-dessus de vous ces énormes gargouilles qui déversent les eaux pluviales de la plate-forme ; sous vos pieds sont ces terribles machicoulis faits par la main de l'homme pour exterminer l'homme ; à côté de vous, dans la muraille, sont les guérites des factionnaires qui faisaient le guet jour et nuit pour la sûreté de la place. On vous ouvre enfin la porte d'un étroit escalier qui vous conduit sur la plate-forme, le plus haut point du donjon.

---

## V.

Aucune description ne peut donner une idée de l'admirable pompe du paysage qui s'offre aux regards, du haut de cette montagne de pierre élevée par la main de l'homme.

D'ici, votre œil parcourt à loisir un aspect sans borne, l'horizon est immense : vous voyez beaucoup de choses, et vous ne fixez rien d'abord, tant la vue se confond dans l'immensité de sujets variés qui vous apparaissent sous toutes les formes, au loin et auprès.

Vos regards se promènent avec ravissement sur les beaux sites qui se déroulent avec abondance sur tous les points de cette immense perspective. Avec quelle profusion la nature s'est-elle plue à embellir les alentours de cette vieille cité, à y réunir tant de beautés de tous les genres, beautés qui sont aussi de tous les âges, de tous les goûts, auxquelles personne ne peut être insensible. Tous ces objets, enfin, aussi variés par leur forme que par leur nature, présentent un tableau trop composé, sans doute, pour pouvoir rassembler dans un seul cadre cette abondance de sujets dignes d'être traités séparément.

Sous vos premiers regards se présente la ville, cette héroïque cité qui vieillit depuis dix siècles dans son épaisse cuirasse de remparts; du milieu des toits décrépits et affaissés par le temps, s'élancent, sveltes et gracieux, ces beaux clochers ardoisés qui semblent se jouer avec orgueil de tout ce qui les environne.

Au pied de l'édifice qui vous élève sont ces vieilles tours et murailles d'enceinte qui vous montrent leurs flancs déchirés par les traits de l'ennemi, et leur tête découronnée et cicatrisée par les rigueurs du temps : à leurs pieds, les vigoureux arbres des promenades étalant leurs rameaux de feuillage sur leur front, leur donnent un aspect vraiment poétique.

Dans les alentours, de jolies collines se dessinant admirablement sous l'azur des cieux, les unes couronnées d'élégantes et coquettes villas qu'ombragent de frais bosquets; les autres hérissées de rochers entassés les uns sur les autres, qui vous attestent les grandes secousses du globe et les puissants efforts de la nature. Au fond des collines et des ravins, des rideaux de peupliers élançant leur tête vacillante vers la nue; de jolis villages, groupés en amphithéâtre parmi des masses de verdure, et le chêne étalant le luxe de son feuillage sur d'humbles chaumières; çà et là de vieux châteaux, des ruines de monastères, révèlent quelque gloire éteinte, rappellent quelques vieux souvenirs du passé.

Non loin de votre vue est l'établissement monumental des Bas-Foins, qui s'annonce par ses vastes proportions comme une autre ville naissante : là vont chercher le repos et le calme ces esprits qui n'ont pu supporter les fortes impressions des rudes secousses de la vie.

Vos regards se portent naturellement sur les jolies villas de la Forêtrie, de la Nourais et de l'Echapt, qui vous apparaissent là comme trois sœurs vêtues de leur blanc costume d'été au milieu de la sombre verdure du mélèze et du sapin qui les couronnent de leurs rameaux touffus ; devant vous, sur la gauche, est l'élégant castel de Beauvais ; sur la droite, le vieux manoir du Chêne-Ferron, qui se montre avec orgueil au-dessus des plus hauts arbres qui lui prêtent leur ombrage ; au-delà, dans ces massifs de verdure qui apparaissent sur votre gauche, vous découvrez le château de Beaumanoir, berceau de cette famille si célèbre dans nos annales bretonnes.

Dans le lointain, ce clocher et ces toits qui apparaissent sur le haut d'une montagne, c'est la petite ville de Bécherel avec ses débris de tours et de murailles : elle faisait aussi l'héroïne au temps du bouclier et de la lance. Sur la gauche de Bécherel, cet objet qui blanchit sous les rayons du soleil, c'est le château de Montmuran, où jadis s'agenouilla pour recevoir l'épée de chevalier, l'intrépide Du Guesclin.

Maintenant, tournez-vous vers la ville et portez vos regards dans le lointain, jusqu'aux dernières limites de l'horizon ; si l'atmosphère est favorable, vous découvrirez le Mont-Dol, puis le Mont-Saint-Michel, ce monument à jamais célèbre qui fait l'orgueil et la gloire des vieilles cités qui le regardent des rives de la Manche.



## *NOTA.*

Tout le monde peut être admis à visiter le Château : étrangers ou du pays. Tout le monde y est reçu avec le même accueil ; on ne peut que se féliciter de l'extrême complaisance de M. Daron, préposé en chef, qui se fait un plaisir de vous montrer le monument dans tous ses moindres détails ; on ne peut aussi s'empêcher de lui faire éloge sur l'ordre, la bonne tenue et la propreté qui règnent dans la maison d'arrêt, dont la direction lui est confiée.

www.ingramcontent.com/pod-product-compliance
Ingram Content Group UK Ltd.
Pitfield, Milton Keynes, MK11 3LW, UK
UKHW021116230726
13926UKWH00002B/511